Heidemarie Dammenhayn • Bernd Geisler

Öffnung des Unterrichts in der Grundschule

Ja – aber wie?

Heft 10

Arbeitsmittel im Unterricht der Grundschule

Methodische Empfehlungen und Kopiervorlagen
für den Lernbereich Deutsch in den Klassen 2 bis 4

Volk und Wissen Verlag GmbH
Berlin

Autoren:
Heidemarie Dammenhayn
Bernd Geisler

Redaktion:
Martina Scrock

Inhalt:

ISBN 3 – 06 – 092120 – 2

1. Auflage
© Volk und Wissen Verlag GmbH, Berlin 1992
Printed in Germany
Illustrationen/Einband: Konrad Golz
Schrift: Isa Salomon
Typographische Gestaltung: Frank Brandtner

1. Selbstbildungsmittel im Unterricht der Grundschule

In unserer Projektgruppe •Selbstbestimmtes Lernen durch Öffnung des Unterrichts" stellt sich immer wieder die Frage neu, durch welche Methoden, Organisationsformen und Arbeitsmittel wir erreichen, daß die Schüler an Prozesse der Selbstbildung herangeführt werden. Über die verschiedenen organisatorischen Strukturen sind wir uns einig. Sie reichen von geschlossenen fachabhängigen bis hin zu offenen fachübergreifenden Lernformen. Die freie Arbeit stellt dabei für uns die höchste Form des Selbstlernens dar. (vgl. Dammenhayn, H./ Wedekind, H.: Öffnung des Unterrichts in der Grundschule, Volk und Wissen Verlag, Heft 1, Berlin 1990. Geisler, B./Richter, E: Öffnung des Untrerrichts in der Grundschule, Volk und Wissen Verlag, Heft 4, Berlin 1990. Dammenhayn, H./Mirwald, E./Wedekind H.: Öffnung des Unterrichts in der Grundschule, Volk und Wissen Verlag, Heft 9, Berlin 1992).

Im folgenden wollen wir darstellen, welche Bedeutung wir der Selbsttätigkeit im Rahmen der Selbstbildung beimessen und wie wir solche über Selbstbildungsmittel initiieren, entwickeln und ausbilden können.

Die Bedeutung der Selbsttätigkeit der Kinder im Erwerb von Wissen und Können sowie bei der Ausbildung von Selbstbestimmungskräften ist seit COMENIUS von vielen fortschrittlichen Pädagogen immer wieder betont worden.

Stellvertretend seien hier die Sinnes- und Funktionsschulungsmittel von MARIA MONTESSORI genannt. Sie macht darauf aufmerksam, daß das Kind von innen heraus selbsttätig in seiner Entwicklung fortschreiten soll, es aber der Erziehung obliegt, diesen Prozeß durch wissenschaftliche Forschung zu sichern. Sie spricht von Organisation der Arbeit und Freizeit (Montessori, M.: Mein Handbuch, Stuttgart 1922). Die Aktualität dieser reformpädagogischen Ergebnisse ist unserer Meinung nach unumstritten.

In noch vielen Schulklassen werden Materialien und Inhalte meist vom Lehrer dargestellt. Eigener Zugang der Kinder zu den Lerngegenständen wird dadurch oft erschwert.

Obwohl wir Prioritäten beim Auslösen und Führen von Selbstbildungsprozessen setzen, wissen wir, daß Kinder sich nicht alles selbst erarbeiten können. Es gibt Grenzen.

Einzelne Kinder sind äußerst Lehrer- und Ichzentriert. Sie brauchen und wollen vom Lehrer für einzelne Arbeitsschritte eine konkrete Aufgabenstellung bzw. Anleitung. Bei Schwierigkeiten wenden sie sich meistens an den Lehrer und fordern Hilfen.

Selbstlernen – Selbstbildung sind Prozesse, die in hoher pädagogischer Verantwortung zu entwickeln sind.

Wir gestalten mit Hilfe verschiedener Selbstbildungsmittel den Lernprozeß der Kinder so, daß sie selbst zu Erkenntnissen gelangen, geben ihnen Hilfestellung, damit sie ohne große Schwierigkeiten selbst Entdeckungen machen können. Untersuchungen über die kindlichen Lern- und Behandlungstechniken haben wir in den Arbeitsmitteln berücksichtigt. Unsere Erfahrungen zeigen, daß Kinder beim Erlernen von Arbeitsverfahren eigene Regeln aufstellen oder Vorgehensweisen entwickeln, die manchmal mit Fehlern behaftet sein können. Von daher halten wir es für nötig, den Kindern Raum zu geben, ihr Vorgehen zu erklären, um die eventuellen Mängel aufzufinden. Wir gestalten die Arbeitsblätter so, daß Raum und Zeit vorhanden sind, um über die individuellen Lernwege zu reflektieren. Die von ihnen ausgeführten Operationen münden dann in neue Begriffsbildungen von zunehmender Komplexität und Sicherheit. Wir nutzen dazu Aufgaben, die das Verbalisieren herausfordern (Partnerübungen, z.B. Klasse 2, S. 13f., Klasse 3, S. 27f.).

Was verstehen wir unter Selbstbildungsmitteln? Welche Funktionen kommen ihnen zu?

Im folgenden verwenden wir die Begriffe Selbstbildungsmittel und Arbeitsmittel synonym. Arbeitsmittel sind Gegenstände, die unter eindeutiger didaktischer Absicht stehen. Sie sind hergestellt, damit sich das Kind frei und selbständig bilden kann. Somit unterscheiden sich Arbeitsmittel hinsichtlich ihres Wertes für die kindliche Selbstbildung in Einzel-, Partner- oder Gruppenarbeit von anderen Lehr- und Lernmitteln. Insgesamt sehen wir die Arbeitsmittel als Rationalismen im Prozeß der Aneignung von Kulturgütern (vgl. Petersen, P.: Führungslehre des Unterrichts, Beltz Verlag, Bad Langensalza 1937).

Welche Grundanforderungen werden an Selbstbildungsmittel gestellt?

Arbeitsmittel sollten

– so angelegt sein, daß sie die ganzheitliche Sicht auf das Kind zum Hintergrund haben. Die Form und die Gestaltung der Arbeitsmittel muß die Kinder ansprechen und sie motivieren, Lernaufgaben zu bewältigen.
– einer Ordnung folgen und systematisch aufgebaut sein, sich aufeinander beziehen und das Kind in sinnvollen Etappen weiterführen. Zur Anschaulichkeit haben wir Gegenstände abgebildet, damit die Schüler selbständig arbeiten können.
– dem Kind Gelegenheit geben, über seine vollzogenen Arbeitsschritte zu reflektieren.
– gleichzeitig die Mittel zur Kontrolle enthalten. Das Kind muß Gelegenheit haben, seine Leistungen selbst zu überprüfen und zu korrigieren.

Folgende Möglichkeiten gibt es:

1. Nach Erfüllung der Aufgabe kann das Kind mit einem dazu vom Lehrer vorbereiteten Kontrollblatt arbeiten.

2. Der Partner kontrolliert (vgl. Partnerübungen mit dem Arbeitskasten, S. 64). Partnerübungen sind besonders gekennzeichnet.

3. Zur vorbereitenden, handlungsbegleitenden bzw. resultativen Selbstkontrolle stehen ihm weitere Arbeitsmittel zur Verfügung (z.B. Arbeit mit dem Wörterverzeichnis, „Wir merken uns", Klasse 4, S. 49).

4. Bei richtiger Zuordnung geht die Aufgabe auf, z.B. bei einem Domino- oder Memoryspiel ergibt sich ein Lösungswort oder entsteht ein Bild (z.B. S. 12).

5. Die Schüler vergleichen mit den Arbeitsergebnissen anderer Kinder (z.B. S. 14).

Der Aufbau der Arbeitsmittel sollte Etappen erhalten, in denen die Kinder neu Erarbeitetes auch anwenden können oder bei Unsicherheiten Hilfen erhalten.

Die richtige Verwendung der Selbstbildungsmittel setzt die Einführung durch den Lehrer voraus. Dabei ist nur soviel Einführung zu geben, wie der Schüler für seine Selbsttätigkeit benötigt.

So erklären wir z.B. unseren Kindern, daß sie sich selbst Partnerübungen aussuchen können, die mit [Symbol] gekennzeichnet sind.

Entsprechend dem Entwicklungsstand der Schüler werden einzelne Arbeitsblätter vom Lehrer ausgewählt. Hat ein Schüler Probleme, kann er vom Lehrer zusätzliche Arbeitsblätter erhalten (Hinweis für die Schüler – wenn ihr es nicht wißt, könnt ihr auf Seite ... nachsehen).

Wir möchten nochmal betonen, daß alle von uns vorgestellten Möglichkeiten und Arbeitsmittel, die die Selbstbildung initiieren und unterstützen, einerseits auf einem festen Ordnungsfundament beruhen und andererseits aber einen flexiblen organisatorischen Rahmen freilassen (vgl. Kl. 2, Arbeit mit Nachschlagewerken – von der Sicherheit des Alphabets bis zur Schrittfolge beim Aufsuchen von Wörtern, S. 14).

Dieser freie Rahmen muß dem Kind einsichtig sein. Es sollte erkennen, wo es sich zeitlich und inhaltlich einbringen kann, ob es durch stille

Arbeit oder mit einem Partner bzw. in einer Gruppe weiter lernen möchte (z.B. S. 27f.).

Nicht zu vergessen ist die Aufgabe des Lehrers, Fortschritte der Kinder sicherzustellen. Er sollte prüfen, ob sich ein gewisses Maß an Lernerfolgen bereits eingestellt hat. Damit unterscheiden sich gerade Selbstbildungsprozesse in der Schule von den außerschulischen. Kontrolle der Lernerfolge sind gleichwertige Bestandteile der individuellen Schülerarbeit. Von Anfang an legen wir großen Wert darauf, daß der Schüler jeden seiner Schritte selbst überprüft bzw. kontrolliert (z.B. S. 13f.).

Ebenso geben wir dem Schüler Hilfen, sich bei Unsicherheiten selbst über Schwierigkeiten zu manövrieren, ohne immer den Lehrer zu fragen (z.B. S. 33, 38).

Der Prozeß der Selbst- und Fremdüberprüfung sollte unserer Meinung nach nicht bei der Anwendung der Arbeitsblätter stehen bleiben. Es sind stets Situationen zu schaffen, die dem Kind Gelegenheit geben, Erworbenes in sinnvollen Bezügen anzuwenden. In einer zweiten und einer dritten Klasse haben wir den Kindern eine übergreifende Aufgabe projektähnlich vorgeschlagen. Nachdem genügend Sachkenntnisse über das Alphabet, das Ordnen von Wörtern und das Aufsuchen von Wörtern im Wörterverzeichnis vorhanden waren, begannen unsere Kinder, sich selbst Nachschlagewerke herzustellen. Dazu nutzten wir vor allem Freiarbeitsstunden. Sehr schnell fanden sich die Kinder in Gruppen zusammen, die z.B. Tierkarteien und Autokarteien anlegen wollten. In der dritten Klasse entstand ein großes Tierlexikon mit einer Unterkartei •Hundearten". Interessant war zu beobachten, wie alle Schüler sich entsprechend ihren unterschiedlichen Voraussetzungen beteiligten. Während einige unentwegt Zeitungen oder Einzelbilder von Tieren mitbrachten, machten sich andere daran zusammenzutragen, welche Besonderheiten, Charakteristika die Tiere besitzen. Einige Schüler übernahmen dabei die Aufgabe des Schreibens der selbstverfaßten Texte. In der zweiten Klasse halfen natürlich Lehrerin und die Eltern beim exakten Katalogisieren.

2. Lehr- und Lernmittel für den Lernbereich Deutsch in der Grundschule

Zur Arbeit mit Nachschlagewerken

Selbständige Schülerarbeit setzt das Beherrschen von Verfahren voraus, u.a. das Auffinden von Wörtern in einem Wörterverzeichnis. Die Schüler verwenden viele Wörter in schriftlichen Aufgaben, die über den Übungswortschatz der jeweiligen Klassenstufe hinaus gehen. Die Ausbildung des Verfahrens ab Klasse 2 bietet ihnen zunehmend bessere Möglichkeiten für eine vorausschauende bzw. resultative Selbstkontrolle. Es ermöglicht den Kindern aber auch, auf ‚Entdeckung" zu gehen, selbständig Wissen zu erwerben.

Die von uns entwickelten Arbeitsmittel haben vor allem das Ziel, den selbständigen Umgang mit Nachschlagewerken zu erlernen. Dabei werden nicht nur Sachziele angestrebt, sondern auch soziale Ziele. Für die Arbeit an vielen Aufgaben suchen sich die Kinder einen Partner, besprechen mit ihm das Vorgehen, lösen gemeinsam Aufgaben, besprechen und vergleichen Arbeitsergebnisse.

Die Befähigung zur Arbeit mit dem Wörterverzeichnis erfordert neben Sachkenntnissen auch die Aneignung von Verfahrenskenntnissen, die die Kinder im Laufe der Schuljahre erwerben:

– Kenntnis des Alphabets, Zurechtfinden in ihm,
– Kenntnisse über die alphabetische Ordnung der Wörter,
  Ordnen von Wörtern nach dem 1., 2., 3. Buchstaben,
– Einordnung von Wörtern mit Umlaut und ß,
– Kenntnis über die Anlage der Wörterverzeichnisse, Aufsuchen von Stichwörtern mit Hilfe der Signalbuchstaben bzw. Seitenleitwörter am oberen Rand,
– Kenntnis über das Prinzip der Einordnung von flektierten Formen und Wortbildungen, Aufsuchen dieser unter einem Stichwort,
– Kenntnis über Wortfamilien, Aufsuchen von Wörtern, die eine Wortfamilie bilden,
– Kenntnis, daß bestimmte Laute durch unterschiedliche Buchstaben bezeichnet werden können und man darum mitunter an mehreren Stellen nachschlagen muß, Aufsuchen solcher Wörter, z.B. mit f und v.

Damit sich die Kinder diese Sach- und Verfahrenskenntnisse schrittweise aneignen, stellen wir Übungen mit folgenden Schwerpunkten bereit:

Klasse 2:

Einführen und Einprägen des Alphabets, Ordnen von Wörtern nach dem 1. und 2. Buchstaben, Aufsuchen von Stichwörtern

Klasse 3:

Festigung des Alphabets, zunehmend Sicherheit gewinnen im Bestimmen der Stellung eines Buchstaben im Alphabet, Ordnen von Wörtern nach dem 1., 2., und 3. Buchstaben, Aufsuchen von Stichwörtern,
Aufsuchen von flektierten Formen, Wortbildungen und von Wörtern mit Rechtschreibbesonderheiten

Klasse 4:

Festigung des Alphabets, Bestimmen der Stellung eines Buchstaben im Alphabet, Ordnen von Wörtern nach dem Alphabet, Aufsuchen von Stichwörtern mit Hilfe von Seitenleitwörtern, Erweitern der Übungen zum Aufsuchen von flektierten Formen und Wortbildungen

Schülerarbeitsmittel für Einzel- und Partnerlernen in offenen und geschlossenen Lernformen in Klasse 2

Herstellung:
Das Material wird verstärkt und so bearbeitet, daß die Buchstaben auf der Karte haften.

Möglichkeit dafür: Zwischen Karte und Verstärkungsmaterial werden Metallstreifen geklebt (aus ausgesonderten Schnellheftern), an den Buchstaben wird nach dem Verstärken Maniplast befestigt.

Übungsmöglichkeiten:
– so schnell wie möglich die Buchstaben in der Reihenfolge des Alphabets in die Kreise (B, F, ...),
– die Dreiecke (D, J, ...),
– in die Leerfelder (A, C, ...) setzen.
Wir üben dabei im Wechsel mit den 26 Groß- oder Kleinbuchstaben.

Kontrolle: Auslegen der jeweils anderen Felder.

A	B	C	D	E	F	G	H	I	J	K
L	M	N	O	P	Q	R	S	T	U	V
W	X	Y	Z	a	b	c	d	e	f	g
h	i	j	k	l	m	n	o	p	q	r
s	t	u	v	w	x	y	z			

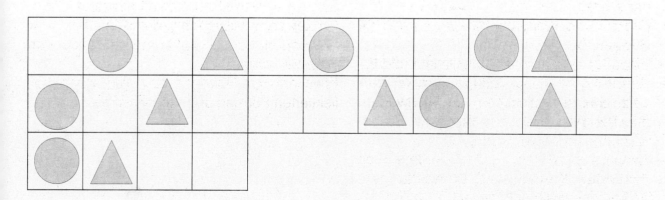

Name: _____

Klasse **2**

Wer fehlt bei Familie Kugelrund?

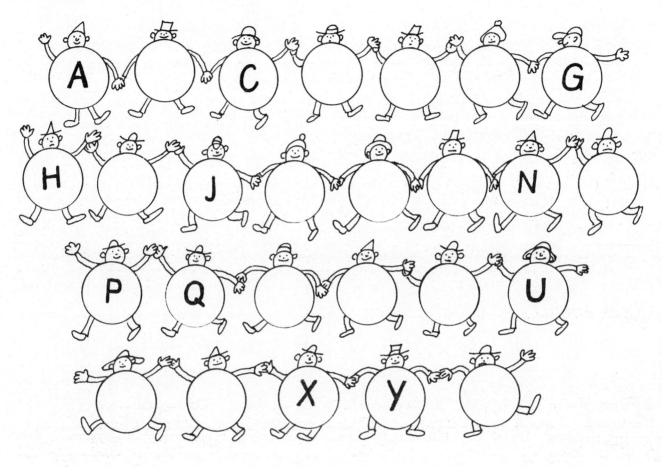

Welche Plätze sind besetzt?

Volk und Wissen Verlag

Name: _____

Wie heißen die Nachbarn?

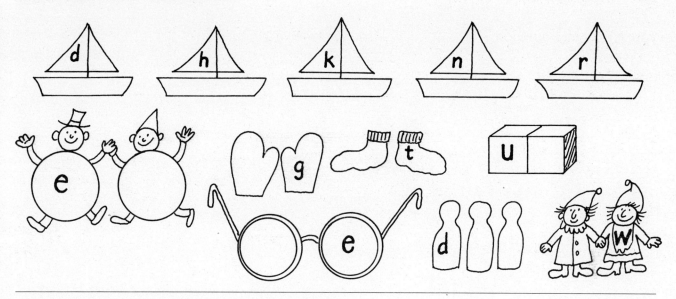

Welche Buchstaben fahren noch mit?

Ordne die Buchstaben.

_ _ _ _ _ _ _ _

_ _ _ _ _ _ _ _

_ _ _ _ _ _ _ _

_ _ _ _ _ _ _ _

Name: _____

Verbinde alle Punkte

von **A** bis **I** in einem Zug,   von **K** bis **W** in einem Zug.

C
•

M   L S   T W
•   •   •

D •   H
•   E   B
•   •
O   N   K u   V   R
•   •   •   •   •

G
A •   •   • F   P   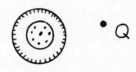   • Q
•   I   •

Welche Buchstaben fehlen?

I   A
D   F
C   G   B

Q   S   U   K
V   R
O   L   N   P

P   T
u   M
V   R
N   Q

_____

_____

_____

Volk und Wissen Verlag

Name: _____

Verbinde die Punkte nach dem Alphabet.

Klasse **2**

Katze
•
Plan

• Milch   Auto   • Onkel
Brief •   •   • Garten
               Haar
     • Dorf   • Fisch

Hänge die Wäsche geordnet auf die Leine.

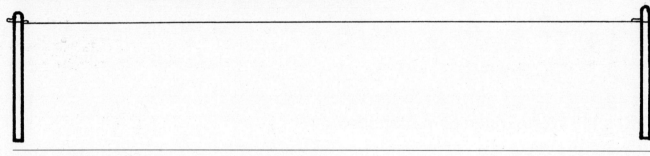

Hänge die Wagen geordnet an die Lok.

Brot   Ball   Butter   Birne   Bett   Boot

Timm   Anne   Dana   Maria   Paul   Flori   Carla   Nora

Volk und Wissen Verlag

Name: _____ Klasse **2**

Ordne die Karten nach dem Alphabet.

Klebe sie dann in die richtigen Felder.

1	5	3
9	2	8
6	7	4

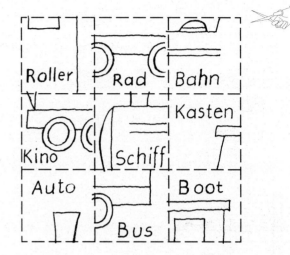

Ordne die Wörter nach dem Alphabet.

Du findest Lösungswörter.

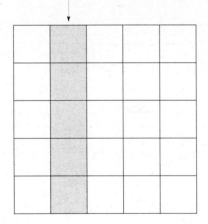

E	I	M	E	R
K	A	T	Z	E
A	P	F	E	L
I	M	M	E	R
B	R	I	E	F

richtig
aufkleben

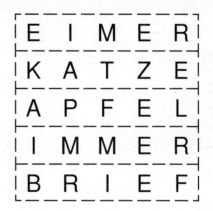

H	U	N	D	E
W	O	L	K	E
A	P	R	I	L
W	I	E	S	E
H	A	A	R	E

12

Volk und Wissen Verlag

Namen: _____

Überlegt gemeinsam, wie ihr am schnellsten alle Wörter findet.

Seite: _____

B

Boot

Seite: _____

Seite: _____

Seite: _____

Seite: _____

Seite: _____

Seite: _____

Seite: _____

Beratet, wie ihr vorgehen wollt.

Seite: _____

Ho

Seite: _____

Seite: _____

Seite: _____

Seite: _____

Seite: _____

Seite: _____

Seite: _____

Namen: _____

So suchen wir Wörter im Wörterverzeichnis:

1. Wir überlegen, wo wir den Anfangsbuchstaben des Wortes im Alphabet finden (vorn/Mitte/hinten).
2. Wir suchen den Buchstaben auf dem oberen Rand.
3. Wir suchen das erste Stichwort.
4. Wir beachten den zweiten Buchstaben des Wortes.
5. Wir suchen das Stichwort und lesen alle Angaben dazu.

Seid ihr auch so vorgegangen?

Sucht die Stichwörter.

Schreibt das Stichwort und alle Angaben ab.

 die Sonne, die Sonnen

Volk und Wissen Verlag

Name:

Was stand an der Tafel?

Die Lehrerin hat aus dem Wörterverzeichnis Tuwörter / Verben an die Tafel geschrieben.
Jemand hat einige Buchstaben abgewischt.

ge   *dr*

le   *fa*

ko   *schw*

ba   *st*

Anna und Tim suchen Wörter.

Errätst du sie?

eine Person mit

Br

eine Obstsorte mit

Bi

eine Pflanze mit

Bl

ein Gegenstand mit

Fl

Nahrungsmittel mit

Br

eine Person mit

Fr

Gegenstand mit

Me

Nahrungsmittel mit

Ge

Name: _____

Klasse **2**

Welche Wörter fehlen?

Suche sie im Wörterverzeichnis auf.

Es war einmal ein kleines _____,
das setzte so gern eine ____ Mütze auf.
Eines Tages sagte die _____:
„Die Oma ist _____. Bring ihr _____ und
Wein." Im ____ traf es den Wolf.
„Pflück _____ für die Großmutter," sagte er.
So kam Rotkäppchen vom ____ ab.

Rätsel

Suche die Wörter im Wörterverzeichnis.

	B	i				
	F	e				
		B				
	F	r				
	B	u				
	S	c	h			
S						

Obstsorte

ein besonderer Tag

Beruf

Jahreszeit

Nahrungsmittel

Wintersportgerät

Wochentag

↑

Lösungswort

Volk und Wissen Verlag

Name: _____

Suche zu jedem Bild ein passendes Nomen.

Benutze das Wörterverzeichnis.

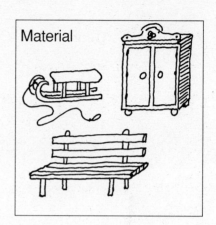

Material

Suche ein Nomen,
das zu diesem Bild paßt.

Was sollen die Kinder erraten?

Das Wörterverzeichnis hilft dir.

ein zusammengesetztes
Nomen mit **Ba**

Ba

ein zusammengesetztes
Nomen mit **Fe**

ein zusammengesetztes
Nomen mit **Ja**

Volk und Wissen Verlag

Name: _____

Klasse **2**

Schreibe zu den Bildern passende Tuwörter / Verben.

Benutze das Wörterverzeichnis.

Suche passende Tuwörter / Verben.

Finde ein Tuwort, das zu beiden Bildern paßt.

Finde ein Tuwort, das zu den drei Bildern paßt.

Sprecht darüber.

Volk und Wissen Verlag

Name: _____

Welche Wiewörter passen zu den Bildern?

Das Wörterverzeichnis hilft dir.

Suche im Wörterverzeichnis zu jedem Bild passende Wiewörter.

Volk und Wissen Verlag

Name: _____

Gegensätze

Ordne die Bilder zu.

groß	klein	kurz	lang

schwer	leicht	schwarz	weiß

Finde selbst Wortpaare.

Das Wörterverzeichnis hilft dir.

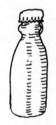

[_____] – [_____]   [_____] – [_____]

[_____] – [_____]   [_____] – [_____]

20

Volk und Wissen Verlag

Name: _____

Wer kann aus diesen Buchstaben Nomen bilden?

Das Wörterverzeichnis hilft dir beim Finden oder bei der Kontrolle.
Du kannst jeden Buchstaben mehrmals verwenden.

Schreibe mit diesen Buchstaben Tuwörter / Verben.

Du kannst jeden Buchstaben mehrmals verwenden.

Volk und Wissen Verlag

Namen: _____

 Groß oder klein?

An der Tafel standen Wörter mit **F** und **f**.
Die Fehlermaus hat Buchstaben abgewischt. Ergänzt und begründet.

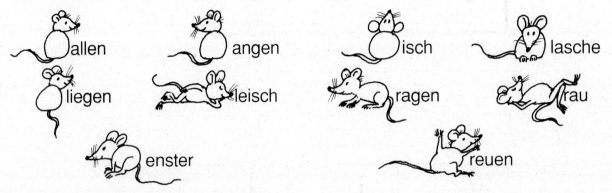

allen   angen   isch   lasche

liegen   leisch   ragen   rau

enster   reuen

Vergleicht mit dem Wörterverzeichnis.

Groß oder klein?

Max schrieb Wörter mit **B** und **b** ins Heft.
Der freche Tintenklecks verdeckt Buchstaben. Ergänzt und begründet.

aden   all   lau   itten

irne   lume   unt   us

acken   utter

Vergleicht mit dem Wörterverzeichnis.

Volk und Wissen Verlag

Name: _____   Klasse **3**

Von A bis Z

Setze die Buchstaben vom Alphabet nur in die eingerahmten Felder.
Sie ergeben eine Überschrift. Findest du sie?

_____

Welche Wörter findest du?

_____

Wer ist schnell und sicher?

Ordne die Buchstaben in jeder Reihe.

J L M K H I : _____

C E B G D F : _____

U V X T Y W : _____

O S Q R N P : _____

A ___ ___ ___ ___ ___ ___ ___

___ ___ ___ ___ ___ ___ ___

Z

___ ___ ___ ___ ___ ___ ___

So kannst du dir das Alphabet schneller einprägen.

Name: _____   Klasse **3**

Wie heißen die Nachbarn?

Wer entdeckt schnell gleiche Gruppen?

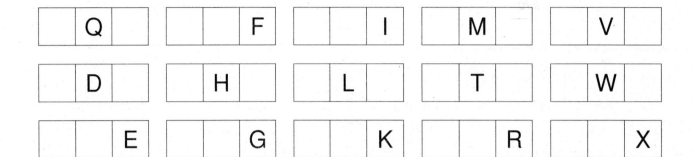

	Q				F				I		M				V	
	D				H				L		T				W	
		E			G				K			R				X

In jedem Kasten findest du ein Lösungswort.

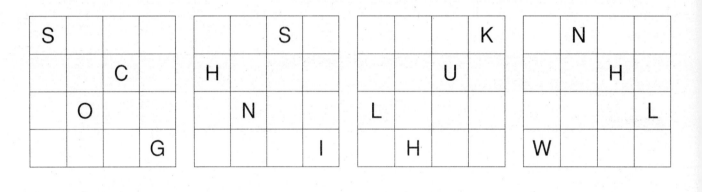

Wie heißt das Lösungswort?

Hier kannst du dir selbst ein Wort ausdenken.

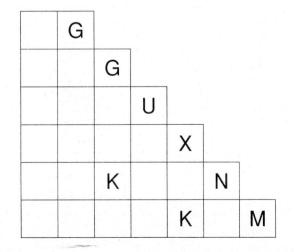

Volk und Wissen Verlag

Name: _____

Davor oder danach?

Vergleiche die zweiten oder dritten Buchstaben.

Ap<u>f</u>el	vor	Ap<u>r</u>il	,	weil	*f*	vor	*r*	kommt
baden	vor	Bahn	,	weil		vor		kommt
Baum	vor	Beere	,	weil		vor		kommt
Feld	nach	feiern	,	weil		nach		kommt
Februar	nach	fast	,	weil		nach		kommt
frei	nach	Frau	,	weil		nach		kommt

Ordne die Heinzelmännchen nach dem Alphabet.

Hier aufkleben

Himpel	Pimpel	Max	Fratz	Fritz	Minimax

Name: _____   Klasse **3**

Davor oder danach?

fort	vor	fragen	, weil	o vor	r	kommt
Kamm	vor	Kanne	, weil	vor		kommt
Herz	vor	heute	, weil	vor		kommt
glühen	vor	Gras	, weil	vor		kommt
hoch	nach	hinter	, weil	nach		kommt
groß	nach	grau	, weil	nach		kommt
Huhn	nach	hören	, weil	nach		kommt

Überprüfe mit dem Wörterverzeichnis.

Ordne die Wörter nach dem Alphabet.

lachen	legen
lassen	Lampe
lecken	leise
leer	lang
Lehrer	leicht
Leinen	leuchten
lernen	lesen
letzte	

Volk und Wissen Verlag

Namen: _____   Klasse **3**

 Überlegt, wie ihr am schnellsten alle Wörter finden könnt.

Seite: _____

Br [*Br*]

Seite: _____

_____

Seite: _____

_____

Seite: _____

_____

Seite: _____

_____

Seite: _____

_____

Seite: _____

_____

Seite: _____

_____

Wenn ihr es nicht wißt, könnt ihr auf Seite 28 nachsehen.

Ordnet die Wörter alphabetisch.

Beratet gemeinsam, wie ihr vorgehen wollt.

_____

_____

_____

_____

_____

_____

Namen: _____

So suchen wir Wörter im Wörterverzeichnis:

1. Wir überlegen, wo wir den Anfangsbuchstaben des Wortes im Alphabet finden.
2. Wir suchen den Buchstaben auf dem oberen Rand.
3. Wir suchen das erste Stichwort.
4. Wir beachten den zweiten Buchstaben des Wortes.
5. Wir beachten den dritten Buchstaben.
6. Wir suchen das Stichwort und lesen alle Angaben dazu.

Seid ihr auch so vorgegangen?

Überlegt gemeinsam, wie ihr vorgehen wollt.

	Wort aufschreiben	Kontrolle
	_____	_____
	_____	_____
	_____	_____
	_____	_____
	_____	_____

Volk und Wissen Verlag

Namen: _____

 Sucht die Stichwörter davor und danach.

Begründet.

Stichwort davor		Stichwort danach
	blühen	
	Brücke	
	dünn	
	glänzen	
	grüßen	
	lösen	
	Pfütze	

Findet zu den Bildern passende Tuwörter / Verben.

er _____      sie _____

er _____   sie _____

sie _____

sie _____

Kontrolliert. Wie findet ihr die gebeugten Formen der Tuwörter?

Ihr könnt es auf Seite 30 nachlesen.

Namen: _____

Klasse **3**

| | Die gebeugten Formen der Tuwörter / Verben suchen wir bei der Grundform / Nennform. |

	Wir suchen bei	Kontrolle
er fällt	*fallen*	*fallen*
er fährt		
er beißt		
er paßt auf		
du fängst		
du gibst		

Wörter mit sch und st

Stichwort davor	Stichwort	Stichwort danach
	Stern	

Volk und Wissen Verlag

Namen: _____ Klasse **3**

Schreibt die Mehrzahl der Nomen / Namenwörter auf.

Wo findet ihr sie?

	Mehrzahl	Stichwort
	*die Blätter*	*das*

Zusammensetzungen

Sucht die Wörter zu den Bildern im Wörterverzeichnis.
Beratet, wie ihr vorgehen wollt.

das _____

der _____

das _____

die _____

Wenn ihr es nicht wißt, seht auf Seite 32 nach.

Wenn ihr es nicht wißt, seht auf Seite 32 nach.

Volk und Wissen Verlag

Namen: _____ Klasse **3**

Im Wörterverzeichnis finden wir auch zusammengesetzte Nomen / Namenwörter. Wir suchen sie bei dem ersten Teil des Wortes.

das Dreieck   der Heimatort   das Werkzeug

_____   _____   _____

Schreibt das Stichwort auf.

_____

Viele zusammengesetzte Nomen sind im Wörterverzeichnis nicht aufgenommen.
Wo sucht ihr, wenn ihr diese Wörter kontrollieren wollt?
Versucht es mit dem Wort *Pferdeschwanz*.

Wenn ihr es nicht wißt, könnt ihr auf Seite 33 nachsehen.

_____

Diese Wörter sind nicht in eurem Wörterverzeichnis.

Wo müßten sie stehen?

Stichwort davor		Stichwort danach
	Brunnenkresse	
	Buchfink	
	Fledermaus	
	Dudelsack	

Wenn ihr wissen möchtet, was diese Wörter bedeuten, könnt ihr in einem Lexikon nachschlagen.

Volk und Wissen Verlag

Name: _____   Klasse **3**

> So finden wir das Wort *Pferdeschwanz:*
> Wir suchen bei *Pferd* und *Schwanz.*

Wie findest du die Wörter?

der Schrankschlüssel
    Seite _____
    Seite _____

das Schweineohr
    Seite _____
    Seite _____

der Kuhstall
    Seite _____
    Seite _____

Wo suchst du die Wörter?

abgeleitete Nomen	Stichwort	Seite
der Bastler		
der Biß		
die Bewegung		
das Brötchen		
der Jäger		

Wenn du es nicht weißt, kannst du auf Seite 34 nachsehen.

Namen: _____

Abgeleitete Nomen / Namenwörter finden wir bei dem stammverwandten Stichwort.

abgeleitete Nomen	Stichwort	Seite
der Bäcker	*backen*	
der Fahrer		
der Besuch		
die Wohnung		
die Wahrheit		
die Zeichnung		

Aufsuchen und einsetzen

Der Tee ist ja sal_____ .
Hast Du die Dosen verwechselt?

Ich bin jetzt
zu Hause, Mutti.

Du bist aber
pü_____ ,
mein Schatz.

Ich sehe was, was du
nicht siehst, und das ist
ec_____ .

Ist es
der Würfel
dort?

Wie findet ihr die fehlenden Wörter im Wörterverzeichnis?
Wenn ihr es nicht wißt, könnt ihr auf Seite 35 nachsehen.

Volk und Wissen Verlag

Namen: _____

> Abgeleitete Wiewörter finden wir bei dem stammverwandten Stichwort.

abgeleitete Wiewörter	Stichwort	Seite
bergig	*Berg*	
freundlich		
beweglich		
herzlich		
fettig		
schmutzig		

Überlegt gemeinsam, wie ihr vorgehen wollt.

Kinderwitze

Der Vater fährt auf: „Wie ist denn das möglich, sechzehn F_____ in diesem Diktat ...!?"
Bastian ganz ruhig: „Das liegt bloß an der neuen L_____ . Die sucht wie verrückt."

„Warum fressen Löwen rohes F_____ ?"
„Weil sie nicht k_____ können."

(aus „Leselöwen")

Setzt passende Wörter ein. Kontrolliert mit dem Wörterverzeichnis.

Volk und Wissen Verlag

Name: _____

Klasse **4**

Von A bis Z

A		○		○		○		○
	○		○		○			Z

Setze die richtigen Buchstaben in die Kreise. Wieviel Zeit brauchst du?

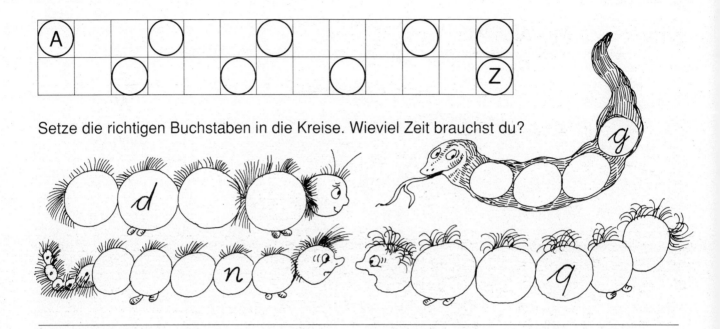

Von A bis Z

Finde die Wörter. Die Ziffern zeigen die Reihenfolge der Buchstaben an.

5				6				1
3	2			4				

M _____

9	2		8		1	$^6_7$	3	5		4

_____

		2	$^5_8$			3			
			9	$^1_6$	7		4		

_____

	5		$^4_6$			3		7
						2		1

_____

4			7	$^5_6$	1		2		
			3						

_____

Volk und Wissen Verlag

Namen: _____

Klasse **4**

Ordnet nach dem Alphabet.

_____

_____

_____

_____

_____

_____

_____

| Wort |
| Wahl |
| Werk |
| wohnen |
| wieder |
| wenig |
| wecken |
| Wald |
| wischen |

Für pfiffige Wörterverzeichnismeister

Warum stehen im Duden, im Lexikon, im Telefonbuch am oberen Rand Wörter oder Buchstabengruppen?
Sprecht darüber, wie ihr im Wörterverzeichnis Wörter aufsucht. Erklärt es an dem Wort **geheim**.
Versucht die einzelnen Schritte beim Aufsuchen aufzuschreiben.

_____

_____

_____

_____

Vergleicht mit der Seite 38.

Volk und Wissen Verlag

Namen: _____ Klasse **4**

So finden wir Stichwörter:

Damit jedes Wort schnell aufgefunden werden kann, gibt es am oberen Rand die **Seitenleitwörter**. Sie geben das **erste** und das **letzte** Wort auf einer Seite an. Wir überlegen, zwischen welchen Seitenleitwörtern das Stichwort stehen muß. So suchen wir das Wort *geheim*:

1. Wir überlegen, wo wir den 1. Buchstaben des Wortes im Alphabet finden.
2. Wir suchen die Seitenleitwörter mit *G* auf.
3. Wir beachten den 2. Buchstaben *ge* .
4. Wir beachten den 3. Buchstaben *geh* .
   (Das *h* finden wir nicht.)
5. Wir stellen fest, zwischen welchen Seitenleitwörtern das Stichwort stehen muß. Es muß zwischen *Gefüge — gelaunt* aufzufinden sein, weil *h* zwischen *f* und *l* steht.
6. Wir suchen das Stichwort.

Wir suchen Seitenleitwörter

Überlegt gemeinsam, wie ihr die Seitenleitwörter finden könnt.

Seitenleitwörter

Gedicht _____   —

_____   —

_____   —

_____   —

_____   —

Ginster

Gedicht   Natur

rutschen   Gezänk

Volk und Wissen Verlag

Name: _____   Klasse **4**

Weißt du es?

Pflanzen

E	d	e								
M	e	e								
P	f	i								
P	f	e								
S	t	i								
V	e	r								

Gebirgsblume

Gewürzpflanze

Pilz

Heilpflanze

kleine bunte Blume

blaue Blümchen

Tiere

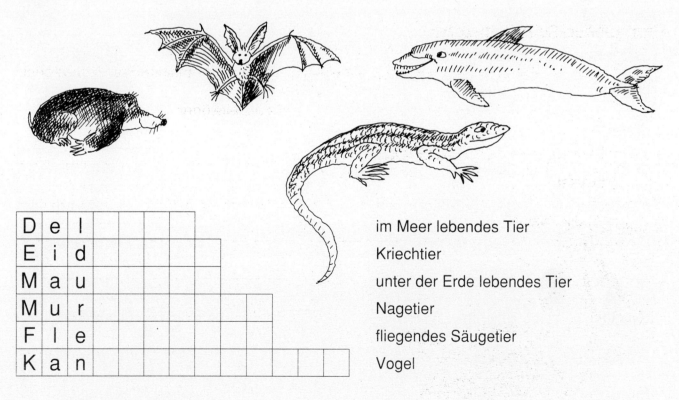

D	e	l						
E	i	d						
M	a	u						
M	u	r						
F	l	e						
K	a	n						

im Meer lebendes Tier

Kriechtier

unter der Erde lebendes Tier

Nagetier

fliegendes Säugetier

Vogel

Volk und Wissen Verlag

Name: _____   Klasse **4**

Wer weiß es?

Wie heißt eine Gruppe von Kaufleuten, die durch die Wüste reist? _____

Du findest den Namen **zwischen** den Seitenleitwörtern *Kanarienvogel – Kassierung.*

Seitenleitwörter	Das gesuchte Wort bezeichnet	Lösung
Bucht – Champion	eine Rinderart	
falzen – Fenchel	Blechblasinstrument	
Obmann – operieren	Fahrzeug aus der Frühzeit des Fahrzeugbaus	
Schorf – Schürze	Stecker mit Schutzkontakt	

Wohin gehören die Stichwörter?

Begründe.

Galgen – Gebäck
Gebälk – gefrieren
Gefüge – gelaunt
gelb – genügen
genügend – geschichtlich
Geschick – Getreide
getrennt – gipsen
Giraffe – gnädig
Gneis – graulen
Graupen – Grubber

gelingen

Geranie

Gebäude

Getriebe

Geflügel

Gymnastik

gerecht

Grammatik

Gießerei

Gulasch

40

Volk und Wissen Verlag

Name: _____   Klasse **4**

Diese Wörter stehen nicht im Wörterverzeichnis.

Wo müßten sie stehen?

Stichwort davor		Stichwort danach
Albanien	Albatros	albern
	Chinchilla	
	Ingwer	
	Kaiman	
	Nieswurz	
	Sombrero	
	Advokat	

Im Lexikon erfährst du, was die Wörter bedeuten.

Albatros _____

Chinchilla _____

Ingwer _____

Kaiman _____

Nieswurz _____

Sombrero _____

Advokat _____

Namen: _____

Klasse **4**

> Im Wörterverzeichnis finden wir auch zusammengesetzte Nomen.
> Wir suchen sie beim ersten Teil des Wortes.

Partnerdiktat

Lege dir eine Tabelle an.

zusammengesetzte Nomen	Stichwort

Laß dir folgende Wörter diktieren:
Bockshorn, Duckmäuser, Rentier, Schlupfwinkel, Wiederkäuer.

Benutze das Wörterverzeichnis, um die schwierigen Wörter richtig zu schreiben.
Sprecht über die Bedeutung der Wörter.

> Viele zusammengesetzte Nomen sind nicht im Wörterverzeichnis aufgenommen.
> Wir suchen einzelne Bestandteile auf.

Partnerdiktat

Lege dir eine Tabelle an.

zusammengesetzte Nomen	Stichwort

Laß dir folgende Wörter diktieren:
Kaffeesahne, Sahnegulasch, Fischbulette, Kohlroulade, Erdbeerkonfitüre, Kinderbibliothek.

Benutze das Wörterverzeichnis.

Volk und Wissen Verlag

Namen: _____

Wörter mit Nachsilben

abgeleitete Nomen	Stichwort	Seite
die Fütterung		
der Fischer		
die Schärfe		
die Erkältung		
die Länge		
der Begleiter		
die Dichte		

Beratet gemeinsam, wie ihr vorgehen wollt.
Wenn ihr es nicht wißt, seht auf Seite 49 unter Nummer 2 nach.

abgeleitete Nomen	Stichwort	Seite
das Eigentum		
die Erkenntnis		
das Erzeugnis		
die Erlaubnis		
die Freundschaft		
die Landschaft		
die Mannschaft		

Volk und Wissen Verlag

Namen: _____ Klasse **4**

Wörter mit Vorsilben

	Seite		Seite
blenden		<u>ab</u>blenden	
fassen		<u>auf</u>fassen	
deuten		<u>be</u>deuten	
täuschen		<u>ent</u>täuschen	
reißen		<u>zer</u>reißen	
raten		<u>ver</u>raten	
rechnen		<u>ver</u>rechnen	

Überlegt gemeinsam, wie ihr die Verben/Tuwörter finden könnt.
Vergleicht mit Seite 49 Nummer 3.

Abgeleitete Adjektive

ärger ─────────────┐
anhäng ──────────── **lich**
verantwort ─────────┘

beständ ─────────────┐
biss ──────────────── **ig**

automat ─────────────┐
telefon ──────────── **isch**

Bildet abgeleitete Adjektive/Wiewörter. Schreibt sie untereinander auf.
Sucht die Wörter im Wörterverzeichnis auf und schreibt das Stichwort daneben.

_____

_____

_____

_____

_____

Vergleicht mit Seite 49 Nummer 4.

Volk und Wissen Verlag

Namen: _____

Wir trennen Wörter

auseinander   *aus – ein – an – der* _____

beieinander _____

herauskommen _____

hierauf _____

hierhinunter _____

hereinfallen _____

Im Wörterverzeichnis findet ihr in diesen Wörtern einen senkrechten Strich. Was bedeutet er?
Ihr könnt es auf Seite 49 unter Nummer 6 nachlesen.

Wo sucht ihr die gebeugten Formen?

Schreibt die Stichwörter über die gebeugten Verben/Tuwörter.

ich schnitt	er rief	sie gab

er sprang	ich brachte	er fraß

Wenn ihr es nicht wißt, könnt ihr auf Seite 46 nachlesen.

Volk und Wissen Verlag

Name: _____ Klasse **4**

So suchen wir gebeugte Formen im Wörterverzeichnis:

Formen der Verben / Tuwörter finden wir bei der Grundform / Infinitiv.

Beispiel: *ich schnitt*
1. Wir überlegen, welches Stichwort wir suchen müssen:
   schneiden
2. Wir suchen die Seitenleitwörter mit **S** auf.
3. Wir beachten den zweiten, dritten, vierten... Buchstaben des Wortes, vergleichen sie mit den Seitenleitwörtern.
   Wir stellen fest, zwischen welchen Seitenleitwörtern das Wort *schneiden* stehen muß.
   schmiegen – schneiden – Schoppen
4. Nun suchen wir das Stichwort.
5. Wir suchen die gebeugte Form des Wortes.
   Wenn sich bei Verben der Wortstamm verändert, werden nur die wichtigsten Formen angegeben.

Zeitformen von Verben / Tuwörtern

Suche die Formen vor dem Aufschreiben im Wörterverzeichnis oder kontrolliere sie danach.

	Gegenwart / Präsens	Vergangenheit / Präteritum
bleiben	du	du
greifen		
reiten		
kommen		
sprechen		
lesen		

Volk und Wissen Verlag

Name: _____   Klasse **4**

Findest du die Wörter?

Wo mußt du nachsehen, wenn du die Schreibung der abgeleiteten Verben/Tuwörter kontrollieren willst?

abgeleitete Verben   Stichwort

er verstand   _____

sie versprach   _____

ich betrat   _____

Wenn du es nicht weißt, kannst du auf Seite 49 unter Nummer 5 nachsehen.

Rätsel

Verwende das Wörterverzeichnis. Suche oder kontrolliere.

Tätigkeiten

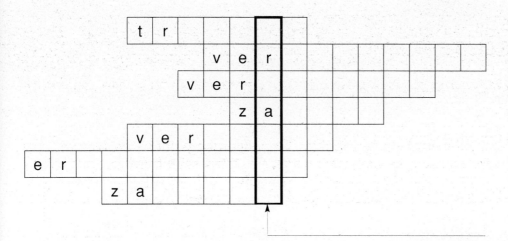

... überwiegend nachts
... beim Rollenspiel
... bei einer Mathearbeit
... unverträglicher Kinder
... einer Petze
... eines Gespenstes
... unruhiger Kinder

Lösungswort

Personen

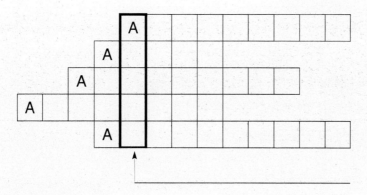

Baumeister
Verfasser
Weltraumfahrer
Sternforscher
Altertumsforscher

Lösungswort

Zeitformen

	Gegenwart / Präsens	Vergangenheit / Präteritum
versprechen	du	du
verraten	du	du
betreten	er	er
abgeben	er ab	er
ansehen	er an	er
versprechen	er	er

Suche die Formen vor dem Schreiben oder kontrolliere danach.

Befehlsformen

Die Befehlsform / Imperativ findest du bei der Grundform / Infinitiv der Verben / Tuwörter.

Infinitiv	Einzahl	Mehrzahl
helfen	hilf!	helft!
geben		
sehen		
essen		
werfen		
lesen		
lassen		

Volk und Wissen Verlag

Name: _____

Klasse **4**

Wir merken uns

1. Im Wörterverzeichnis finden wir auch zusammengesetzte Nomen /
   Namenwörter. Wir suchen sie bei dem ersten Teil des Wortes.
   Beispiel: *Dickhäuter*
   Viele zusammengesetzte Nomen sind nicht im Wörterverzeichnis aufge-
   nommen. Wir suchen einzelne Bestandteile auf.
   Beispiel: *Kaffeesahne, Kaffee | Sahne*

2. Viele abgeleitete Nomen / Namenwörter finden wir bei einem stamm-
   verwandten Verb / Tuwort, Adjektiv / Wiewort oder einfachen Nomen.
   Beispiele: *Erkältung* bei *erkälten* (Verb)
         Dichte bei *dicht* (Adjektiv)
         Fütterung bei *Futter* (Nomen)
   Auch Nomen mit den Nachsilben *-tum, -nis* und *-schaft* suchen wir dort.
   Beispiele: *Eigentum* bei *eigen,*
         Erkenntnis bei *erkennen,*
         Freundschaft bei *Freund*

3. Abgeleitete und zusammengesetzte Verben / Tuwörter finden wir unter dem
   entsprechenden Anfangsbuchstaben.
   Beispiele: *bedeuten* (abgeleitetes Verb)
         abblenden (zusammengesetztes Verb)
   Nicht alle Ableitungen und Zusammensetzungen sind aufgenommen.
   Wir müssen dann die Bestandteile ermitteln und aufsuchen.

4. Abgeleitete Adjektive / Wiewörter mit den Nachsilben *-ig, -lich, -isch* finden
   wir beim stammverwandten Wort.
   Beispiele: *bissig* bei *Biß*
         ärgerlich bei *Ärger*
         telefonisch bei *Telefon*

5. Abgeleitete Formen der Verben / Tuwörter finden wir beim Infinitiv / bei der
   Grundform der Verben.
   Beispiel: *er verstand* bei *verstehen* (Infinitiv)
   Wenn sich der Wortstamm verändert, werden die wichtigsten Formen
   angegeben.
   Bei gebeugten Zeitformen abgeleiteter Verben / Tuwörter orientieren wir uns
   an der Grundform.

6. Der senkrechte Strich im Wort gibt die Silbentrennung an den Stellen an, wo
   sie Schwierigkeiten bereitet.
   Beispiel: *ausein/ander*

Selbstlaute, Mitlaute, Silben, Silbentrennung

Mit dem Einsatz dieser Arbeitsblätter wird angestrebt, daß die Kinder zunehmend sicherer werden, Selbstlaute und Mitlaute zu unterscheiden. Sie prägen sich die Selbstlaute (einfache Selbstlaute, Zwielaute, Umlaute) ein. Von großer Bedeutung für richtiges Schreiben ist das Feststellen der Silbenanzahl von Wörtern sowie das Erkennen, daß jede Silbe einen Selbstlaut enthalten muß. Diese Erkenntnis hilft den Kindern u.a., Wörter mit kurzem Stammselbstlaut richtig zu schreiben, denn bei vielen Wörtern kommt es gerade hier zu Auslassungen. Vorraussetzung ist jedoch erst einmal gründliches Üben und regelmäßiges Wiederholen und Anwenden bei den entsprechenden Stoffen in Rechtschreibung.

Beim Erarbeiten der Trennungsregeln wird eigenes Suchen und kooperatives Handeln der Kinder angestrebt. Es werden also auch bei diesen Übungen nicht nur sachbezogene, sondern auch soziale Ziele verfolgt.

Name: _____   Klasse **2**

Die Selbstlaute a, e, i, o, u

A, a, a, der [＿＿＿＿＿] ist nun [＿＿＿＿＿] .

E, e, e, im [＿＿＿＿＿] gibt es [＿＿＿＿＿] .

O, o, o, das Kind rutscht auf dem [＿＿＿＿＿] .

I, i, i, Marie hat nasse [＿＿＿＿＿] .

U, u, u, Max [＿＿＿＿＿] seinen [＿＿＿＿＿] .

Ergänze. Das Wörterverzeichnis hilft dir dabei.

Volk und Wissen Verlag

Name: _____

Klasse **2**

Wir suchen Wörter mit Zwielauten

brauchen

auch

Haus

kaufen

klein

Leine

leuchten

Feuer

In jedem Wort steckt noch ein Wort mit Zwielaut.
Welche Wörter schreibt Tim?

Wieviel Zwielaute zählst du auf dieser Seite?

au 〇   ei 〇   eu 〇

Frage andere Kinder, wieviel sie gezählt haben.

Volk und Wissen Verlag

Name: _____ Klasse **2**

Selbstlaute

 B __ ll

 B __ nk

 B __ tt

 B __ rn __

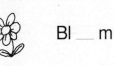 Bl __ m __

Br __ t

 H __ nd

 W __ ld

 T __ ss __

 M __ ss __ r

K __ tz __

R __ ll __ r

Umlaute

 T __ r

 L __ ffel

 B __ cker

 Sch __ ssel

 B __ lle

 H __ nde

Vergleiche mit dem Wörterverzeichnis, wo du dir nicht sicher bist.

Zwielaute

 Fr __ __ __

 Kl __ __ d

 H __ __ s

 fr __ __ en

(Farbe) w __ __ ß

(Tag) Fr __ __ tag

Mitlaute

(Monatsname) __ u __ i

(Monatsname) __ a __ ua

 __ ü __ e

 __ e __ ü __ e

 __ o __ e

 __ ee

Volk und Wissen Verlag

Namen: _____ **Klasse 2**

 Silbenrätsel

DE	TA	HO	LING	TROM
MEL	SCHMET	SCHE	MEN	SCHUL
SE	TOPF	BA	TER	BLU

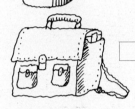

Die meisten Buchstaben hat

Die meisten Silben hat

Wieviel Silben sind es?

Sprecht über die Wörter, die zu den Bildern gehören.
Schreibt die Anzahl der Silben neben die Bilder.

 ②

 ○    ○   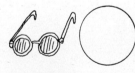 ○    ○

 ○    ○    ○    ○

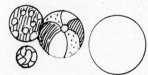 ○   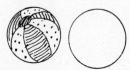 ○    ○    ○

Name: _____

Ordne die Wörter nach der Silbenanzahl.

1 Silbe	2 Silben	3 Silben

Tomate

Tisch

Gemüse

Hund

Kuchen

Haus

Vogel

Schule

September

Fertige ein Silbenrätsel an.
Verwende die Wörter mit zwei und drei Silben.

Fertige ein Dominospiel an.

Du findest die Wörter im Wörterverzeichnis.
Schenkst du das Spiel einem Kind aus der 1. Klasse?

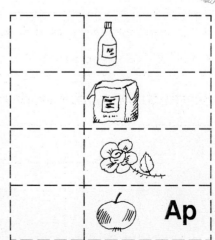

54

Name: _____

In jeder Silbe ist ein Selbstlaut.

Pinguin

$Pin - gu - in$

a e au
ei
ou ä eu
ü ö

K _ tz _

K _ f _ r

Kr _ k _ d _ l

R _ _ p _

G _ r _ ff _

L _ w _

Silbenrätsel

Suche im Wörterverzeichnis Wörter, die du trennen kannst.

Fertige ein Silbenrätsel an, das ein anderes Kind lösen kann.

Wem gibst du dein Silbenrätsel?

Volk und Wissen Verlag

Namen: _____

 Wir trennen Wörter

Sucht im Wörterverzeichnis die Wörter mit der vorgegebenen Silbenanzahl.
Schreibt sie getrennt auf.

Ar – _____ – _____ – _____   bel – _____

er – _____ – _____   gra – _____ – _____

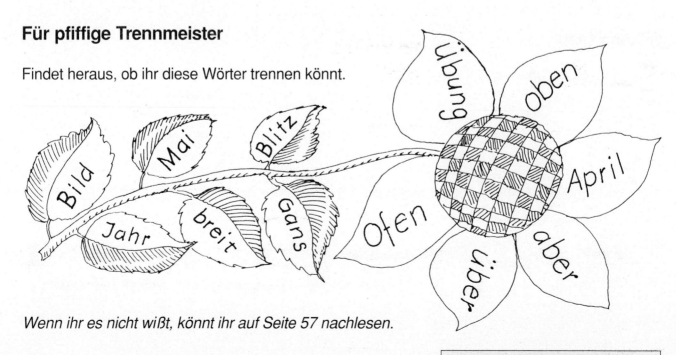

ge – _____ – _____   Ge – _____ – _____

ge – _____ – _____   Ge – _____ – _____

ge – _____ – _____   Ge – _____ – _____

ge – _____ – _____   Ge – _____ – _____

ge – _____ – _____   Ge – _____ – _____

Warum können wir diese Wörter trennen?

Für pfiffige Trennmeister

Findet heraus, ob ihr diese Wörter trennen könnt.

Wenn ihr es nicht wißt, könnt ihr auf Seite 57 nachlesen.

Volk und Wissen Verlag

Namen: _____

Ordnet die Wörter richtig zu.

Wörter mit mehreren Silben können wir trennen.

_____

_____

Wörter mit einer Silbe trennen wir nicht.

_____

_____

Ein einzelner Buchstabe wird nicht abgetrennt.

_____

_____

Tante

Ball

Gemüse

Brief

Bett

Esel

November

Igel

Abend

Post

Montag

Wörter mit ck

Wie trennen wir diese Wörter?

Brücke	Brük — ke		**aber**	
Jacke	_____		Jäckchen	Jäck — chen
drücken	_____		drückte	_____
Zucker	_____		Päckchen	
trocken	_____		trocknen	

Ihr könnt auf Seite 58 nachlesen.

Namen: _____

Wörter mit ck

Aus **ck** wird beim Trennen **k – k**, wenn **ck** zwischen zwei Selbstlauten steht.
Beispiel: *Brük – ke*
Steht **ck** zwischen Selbstlaut und Mitlaut, wird **ck** nicht getrennt.
Beispiel: *Jäck – chen*

Wir trennen Wörter

aber

schmecken _____   schmeckte _____

wecken _____   weckte _____

packen _____   packte _____

Decke _____   Deckchen _____

Wörter mit st

Was wißt ihr über die Trennung von Wörtern mit **st**?

Fenster   Fen – ster   **aber**   Haustür   Haus – tür

Schwester _____   Geburtstag   Geburts – tag

gestern _____

Hamster _____

Kasten _____

Ihr könnt auf Seite 59 nachlesen.

Volk und Wissen Verlag

Name: _____   Klasse **3**

Wörter mit st

Wörter mit **st** werden nicht getrennt: *Ham – ster, Ka – sten.*
Zusammengesetzte Wörter werden nach ihren Teilwörtern getrennt: *Haus – tür.*

Wir trennen Wörter

Setze folgende Wörter ein: *meisten, Donnerstag, Meisterbastler.*

Trenne sie an der richtigen Stelle.

Tim und Nico freuen sich am _____-
_____ auf das Basteln am _____-
_____ . Beide sind richtige _____-
_____ .

Wortschlange

Fertige aus der Schlange ein **Silbenpuzzle** an.
Wo zerschneidest du sie?

Sprich mit anderen Kindern darüber, wo sie die Schlange zerschnitten haben.

Zur Wort- und Formenbildung

**Arbeitskasten für den frontalen Unterricht
ab Klasse 2**

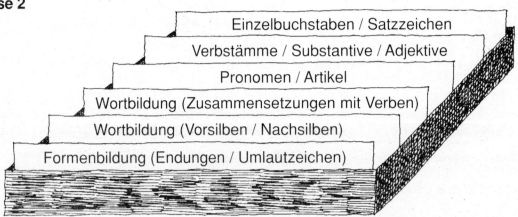

Einzelbuchstaben / Satzzeichen
Verbstämme / Substantive / Adjektive
Pronomen / Artikel
Wortbildung (Zusammensetzungen mit Verben)
Wortbildung (Vorsilben / Nachsilben)
Formenbildung (Endungen / Umlautzeichen)

Der Inhalt enspricht dem nachfolgend darge-
stellten Schülerarbeitsmittel für offene Lernformen. Dazu kommen noch Einzelbuchstaben,
die wir für Wortbildungsübungen bei Veränderung der Wortart benötigen. Der Teil »Wortbildung
(Vorsilben/ Nachsilben)" wird noch einmal unter-
teilt, damit diese Morpheme geordnet für die
Bildung von Verben, Substantiven und Adjekti-
ven aufbewahrt werden können. Auch die Verbstämme, Substantive und Verben werden der
besseren Übersicht wegen in dem entsprechenden Teil getrennt aufbewahrt.

Dieses Unterrichtsmittel ist – wie das nach-
folgende Lernmittel – ab Klasse 2 einsetzbar.
Die Wort- und Formbildungsmorpheme, die in
Klasse 2 noch nicht benötigt werden, können
zunächst gesondert aufbewahrt und später ergänzt werden.

Verbstämme, Substantive, Adjektive können
dem Übungswortschatz der Klassenstufe entsprechend ergänzt werden.

Endungen, Nachsilben sowie Vorsilben werden in unterschiedlichen Farbtönen angefertigt.

Mit Hilfe dieses Unterrichtsmittels kann man
anschaulich viele flektierte Formen, Ableitungen und Zusammensetzungen vor den Augen
der Kinder entstehen lassen. Wortkarten, Vorsilben, Nachsilben, Endungen usw. helfen uns,
grammatisch-ortographische Normen anschaulich zu vermitteln. Sie dienen als Orientie-
rungshilfe, dem Bewußtmachen über den opti-

schen Aspekt. Durch sie wird das Analoge von
Form- und Wortbildungen herausgestellt, die
analoge Schreibung des gleichen Wortstammes, von formbildenden und wortbildenden
Morphemen. Sie unterstützen die Befähigung
der Schüler zur Analyse des Wortaufbaus.

Beispiele:
Bei der Behandlung des Verbs geht es im Hin-
blick auf die Rechtschreibung um das Prinzip der
Stammbewahrung, das Beachten der Umlautung
bei einigen Verben und die Schreibung der
formbildenden Morpheme. Die Schüler erkennen die Veränderung der Verben im Zusammen-
hang mit den Personalpronomen. Dabei kann
mit dem Unterrichtsmittel das Analoge von
Formbildungen betont werden.

Analoge Schreibung des Wortstammes

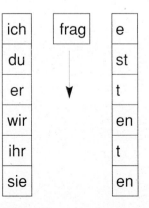

ich	frag	e
du		st
er	↓	t
wir		en
ihr		t
sie		en

Analoge Schreibung der formbildenden Morpheme

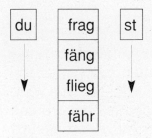

Zusammengesetzte Nomen/Substantive können entstehen und damit die Zusammenschreibung und Kleinschreibung des Grundwortes hervorgehoben werden.

Die Kleinschreibung von Wiewörtern/Adjektiven zwischen Begleiter/Artikel und Nomen/Substantiv kann anschaulich gezeigt, und Endungen können hervorgehoben werden.

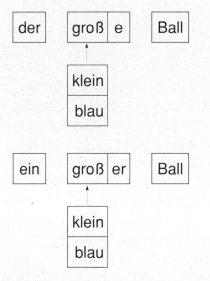

Bei den Stoffen zur Wortbildung kann dieses Unterrichtsmittel u.a. das Erkennen der Wortbestandteile, das Einprägen der Präfixe und Suffixe, das Erkennen von Zusammenhängen zwischen Nachsilbe und Wortart, die Stammschreibung unterstützen.

Analoge Schreibung des Wortstammes

lehr	en	
Lehr	er	
Lehr	er	in
Lehr	er	innen
be	lehr	en
Be	lehr	ung

	frag	en
	frag	en
an	frag	en
be	frag	en
Be	frag	ung
	frag	lich
	Frag	e

(Die Großbuchstaben werden aufgesetzt.)

Analoge Schreibung von Wortbildungsmorphemen

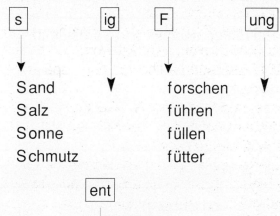

Schülerarbeitsmittel für Partnerlernen
in offenen Lernformen ab Klasse 2

Kopiervorlage:

Die Seite wird verstärkt. Formbildende und wortbildende Morpheme werden von den Kindern mit verschiedenen Farben ausgemalt. Eingeordnet werden die Teile nach dem Ausschneiden in Schachteln entsprechend dem Arbeitskasten für den frontalen Unterricht.

1. Endungen / Umlautzeichen
2. Nachsilben / Vorsilben für die Bildung von Substantiven
3. Vorsilben für Verben
4. Nachsilben / Vorsilben für Adjektive
5. Pronomen / Artikel
6. Verbstämme
7. Adjektive
8. Substantive
9. Wörter zum Zusammensetzen mit Verben
10. Einzelbuchstaben

Die Einzelbuchstaben werden ergänzt durch das Schülerarbeitsmittel zum Einprägen der Reihenfolge der Buchstaben des Alphabets. Die Schachteln für formbildende und wortbildende Morpheme werden mit den Farben gekennzeichnet, die zum Ausmalen genutzt wurden, damit den Kindern das Einordnen leichter fällt und das Einprägen der Morpheme unterstützt wird.

Mit diesem Material können insbesondere vielfältige Partnerübungen durchgeführt werden.

Beispiele:

1. Schüler	2. Schüler
legt Personalpronomen und Verbstamm	legt die richtige Endung an
legt ein Adjektiv	sucht ein passendes Substantiv oder mehrere Substantive, die diese Eigenschaft haben können
legt ein Adjektiv	sucht das Gegenteil davon
legt Artikel und Substantiv (mit Lücke)	legt passendes Adjektiv mit richtiger Endung dazwischen

Immer zwei Kinder bauen gemeinsam einen Satz, z.B.

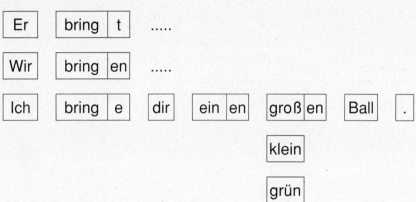

| Ich | bringe | e | dir | ein | en | neu | en | Ball | . |

verändern ihn, z.B.

| Er | bring | t | ..... |

| Wir | bring | en | ..... |

Ich	bring	e	dir	ein	en	groß	en	Ball	.
						klein			
						grün			

Mit diesem Arbeitsmittel werden folgende Lernziele angestrebt:

– Wörter des Übungswortschatzes einprägen,
– Kenntnisse über Wortarten festigen und Wörter nach der Wortart unterscheiden,
– die Groß- und Kleinschreibung sicher beherrschen,
– Ableitungen und Zusammensetzungen richtig bilden, Wortbestandteile erkennen,

– flektierte Formen richtig bilden,
– Endungen, Vorsilben und Nachsilben in ihrer geschriebenen Form einprägen,
– Sätze bilden und umstellen,
– mit anderen Kindern zusammenarbeiten, anderen helfen, sich helfen lassen, jemandem etwas erklären, Ergebnisse miteinander vergleichen.

s	e	e	n	t	t	en	en	en	em	es	er
est	ten	tet	test	st	et	te	ge

e	er	in	innen	ung	chen	nis
lein	heit	keit	schaft	Ge	Un

be	er	ver	zer	ent	∴∴	i	ie
un	lich	ig	isch	bar		a	u
							o

der die das den dem ein

ich wir sie ihr du er mir dir

wünsch bring fall fang flieg

fahr kauf pack schenk hab

warm kalt weiß schwarz blau

lang kurz klein groß heiß grün

schnell langsam alt neu jung

Ball Kind Haus Schuh Hand Fuß

Wasser Schule Straße Bahn . ! ?

um ab vor weg mit nach an

her hin auf an zu durch ein